第二版

给孩子们的火车历史绘本——

电力机车的故事

陈曦 | 著/绘

中国铁道出版社有限公司
CHINA RAILWAY PUBLISHING HOUSE CO., LTD.

天空中的雷鸣电闪给了人们极大的启示，人类发明了电池和发电机，这意味着一个新的时代——电气时代的到来。

电气时代的到来

手摇发电机

迈克尔·法拉第（1791—1867），英国物理学家、化学家，他发现了电磁感应现象。

电报机

恩斯特·维尔纳·冯·西门子（1816—1892），德国发明家、企业家、物理学家，电动机、发电机、有轨电车、指南针式电报机的发明人。

电话机

直流电动机

电灯

台灯

各种电器的发明开启了一个丰富多彩的世界。

电影摄影机

留声机

托马斯·阿尔瓦·爱迪生(1847—1931)，美国发明家、企业家。他发明的留声机、电影摄影机、电灯对世界影响极大。

早期的电力机车

▼1895年美国出现了最早的架空线传输电力机车

19世纪末，电力机车终于出现了。虽然用现代的眼光来看，这些电力机车更像是一种游乐场里的“游艺火车”，但电力机车毕竟诞生了。

1879年西门子制造的电力机车被认为是现代电力机车的雏形

欧洲早期的有轨电车

电力机车与地铁

20世纪初，电力机车终于找到了一个最适合的工作，那就是充当地铁中的牵引机车。从此，伦敦地铁里那种烟雾缭绕的蒸汽机车就逐渐消失了。

意大利铁路的E428型电力机车

缺煤少油就用电

早在20世纪40年代，意大利、瑞士、奥地利等国的铁路上就广泛运行电力机车了。这些国家是电气化铁路的先行者，主要原因是这些国家都相对缺少煤炭和石油资源，错过了之前蒸汽机车和内燃机车的历史机遇，而发展电力机车就成为一个很好的选择。

山区铁路更适合

▲瑞士联邦铁路的Ae6/6型电力机车

电力机车在山区铁路运行时有显著的优势。因为山区铁路有许多隧道，使用电力机车避免了严重的烟尘尾气排放。而且山区铁路难免有一些坡度，为机车补给也比较困难，这就使得电力机车扭矩大、不用加燃料的优点更加突出了。

奥地利联邦铁路的1020型电力机车

要说最著名的电气化铁路和电力机车，就不得不提到美国宾夕法尼亚州铁路上的GG1型电力机车。从1934年起这种带着“五根猫胡子”的机车就开始奔跑在这条最早的电气化铁路上，这型机车后来又转战新泽西州，一直服役到1983年。

美国机车“明星”多

德国机车多坎坷

德国的E18型电力机车

作为电力机车的发源地，德国本来一直走在世界前列，但是战争使得那些曾经宏大的铁路计划彻底破灭。到 1945 年，大部分的电力机车遭到严重破坏或者被盟军缴获。

▲上越线742M电车

日本城郊电车多

日本可能是世界上城郊铁路网最密集的国家。1959—1971 年间，日本生产了大量的多动力单元电力机车列车。这种简称为电车的列车，成为城际郊区公共交通的主要方式。

关西本线438V电车

▲匈牙利铁路V43型电力机车

▲波兰铁路ET22型电力机车

苏联东欧成体系

东欧地区一直都有较强的重工业基础，许多国家的电力机车自成一派，有些技术甚至走在当时的世界前列。比如19世纪末欧洲大陆的第一条地铁就诞生在东欧的匈牙利。“二战”之后，华约集团组建了一种类似分工制的经济体，东欧地区成为当时社会主义国家的主要电力机车生产基地。苏联生产的机车虽然以内燃机车为主，但是其中某些型号的电力机车的产量也很巨大。

▲苏联铁路ВЛ80型电力机车

国产机车首突破

▲1958年，中国首台电力机车试制成功，这就是$6Y_1$型电力机车

▲1960年从法国进口的6Y2型电力机车是我国进口的第一种电力机车

韶山1型电力机车是中国铁路的第一代国产客货两用干线电力机车，经历了三次重大技术改进，于1980年定型并投入批量生产，累计生产了826台。韶山1型机车在20世纪80年代一度成为中国铁路干线的主型电力机车，并开创了中国铁路以“韶山”命名电力机车家族的历史，其研制经验为以后中国电力机车的发展奠定了坚实的基础。

韶山1型电力机车

巍巍秦岭走电车

秦岭是我国地理南北分界的一条巨大山脉，1958 年建成的宝成铁路从这里穿过。同年起宝成铁路开始了电气化改造，一直到 1975 年全线改造完成，这是我国第一条电气化铁路，从此拉开了电力机车在中国大地发展壮大的序幕。

▲穿行在秦岭中的6Y_2型电力机车

青出于蓝韶山3

▲韶山3型电力机车牵引货运列车

韶山$_3$型电力机车(SS_3)，是中国铁路的第二代电力机车，它是吸收了韶山$_1$型电力机车的成熟经验后，于1979年研制成功的客货两用干线电力机车，1986年投入批量生产。1991年，韶山$_3$型电力机车改为采用晶闸管相控平滑调压，并对转向架、电阻制动等方面作出改进，称为韶山$_3$型4000系。许多车辆厂都生产过韶山$_3$型电力机车，至2006年停产，累计产量超过1500台。

货运主力韶山4

韶山4型电力机车

20世纪80年代开始，中国铁路货物运输量大幅增长，这就迫切需要一种更加先进强大的电力机车。1985年9月第一台韶山4型电力机车研制成功，这是当时中国国内功率最大的货运电力机车，也是中国铁路第三代电力机车的首型机车。经过不断改进，1993年又研制出韶山4改进型机车韶山4B，同年开始大批量生产，至2006年，累计生产了1419台。

韶山4B型电力机车

韶山6型电力机车

陇海专供韶山6

韶山6型电力机车是中国铁路为满足陇海铁路电气化需要而研制的。本来这条线路先期使用的是国际招标的进口机车，后来国内厂家以韶山3型电力机车为基础，消化吸收了进口电力机车的先进技术，最终研制成功了新型电力机车。新型机车在第二次国际招标中夺得了电力机车供应合同，这是中国机车制造商第一次参加电力机车国际投标，新型机车被定名为韶山6型，并且一直服役到2014年4月。

山区适用韶山7

20世纪80年代末，当时中国的电气化铁路大多在山区，为此铁道部要求研制新式机车，以适应山区铁路弯道较多且曲线半径小的特点，于是就出现了采用 $B_0-B_0-B_0$ 轴式的韶山7型电力机车。这种机车虽然也是6个车轴，但是分成两个一组，共有3个转向架。这样的设计使得弯道运行更加灵活，对钢轨的磨损也降低了。

▲韶山7C型电力机车

韶山 7E 则完全是另一种全新的电力机车，它是为了满足中国铁路第五次大提速的需要而研制的准高速干线客运机车。它的司机室外型采用流线型设计，从而减少机车运行中的空气阻力，运行时速达 160 千米，并且首先使用更为先进的微机控制系统，使得机车的操作的便捷性与可靠度大为提高。

韶山7E型电力机车

韶山8型电力机车也是为提速而研发，原设计是用于广深准高速铁路的电力机车，后成为中国干线铁路牵引提速旅客列车的主型机车。它清新的浅蓝色外表涂装成为中国铁路上的一道亮丽风景。

提速主型韶山8

▲韶山8型电力机车

韶山9型电力机车是最后一款“韶山”系列电力机车。这种机车的外形动感流畅，火车迷们昵称为“烧酒”，这源于韶山9型简称为“韶九”，与“烧酒”谐音。在见证了“韶山”系列电力机车传奇的发展历史之后，中国电力机车迈进更加辉煌的新时代。

“动感流畅”韶山9

▲韶山9G型电力机车（改进型）

▲韶山9型电力机车（早期型）

8K 135a

引进机车电8K

中国铁路引进过一些电力机车。其中影响较大的当属20世纪80年代向法国订购的8K型电力机车。8K型电力机车的引进，带来了技术水平和管理理念的提高，对我国国产机车的研制和改进产生了积极作用，所以善于汲取他人之所长十分重要。

和谐HXD_1

进入 21 世纪，电力机车的发展进入了大功率交流电传动的新时代。和谐系列电力机车家族的第一个成员——HXD_1 型电力机车在此时诞生了。

采用交流电传动的机车，也就是采用了平时所说的“无刷电机”，少了一个“刷”，也就少了一个易于磨损和常需维护的部件，从而大大提高了可靠性，减少了维护工作量。

高铁时代来临，普通铁路上的客运列车也迫切需要一种新型的高速交流电传动电力机车。这种机车车身色彩为中国红，流线型头型设计，不仅美观流畅，而且能有效减少列车运行时的空气阻力，时速从 0 至 160 千米加速只需 5 分钟。自此，被火车迷昵称为“大红枣”的 HXD$_{1D}$（和谐电 $_{1D}$）开始投入运行。

客运机车HXD_{1D}

▲HXD_{1D}型电力机车

“大力士”机车HXD_2

HXD$_2$型电力机车为八轴，10000千瓦交流传动货运机车，该车具备强大的功率及牵引力，可单机牵引7000吨重载列车。机车具备多机无线重联远程同步控制功能，三机重联满足20000吨以上重载列车的牵引要求。机车在−40℃环境条件下可正常存放，采取加温和防寒措施后可正常运行。这样一个威猛的“大力士”，设计时速竟然还能达到120千米。

高速客运时代，还有一种交流电传动六轴干线客运电力机车，最大持续运营时速 160 千米，功率 7200 千瓦，为目前国内最大功率的客运型机车之一。HXD_{3D} 与 HXD_{1D} 一起运用以缓解全路准高速机车的紧张状况。

▲HXD_{3D}型电力机车

准高速列车HXD3D

客货通用HXD3C

HXD$_{3C}$型机车是“和谐型”交流传动电力机车系列中首款适用于客货两用的车型。该型机车通过更换增加供电绕组的主变压器，增加列车供电柜、供电插座、客货转换开关、双管供风装置等，使机车具有牵引旅客列车的功能，并可以向旅客列车提供风源及稳定的电源，与25G型客车能够良好匹配。另外，这型机车能够满足环境温度-40℃~+40℃，海拔高度低于2500米条件下的可靠运行。

电力机车的结构

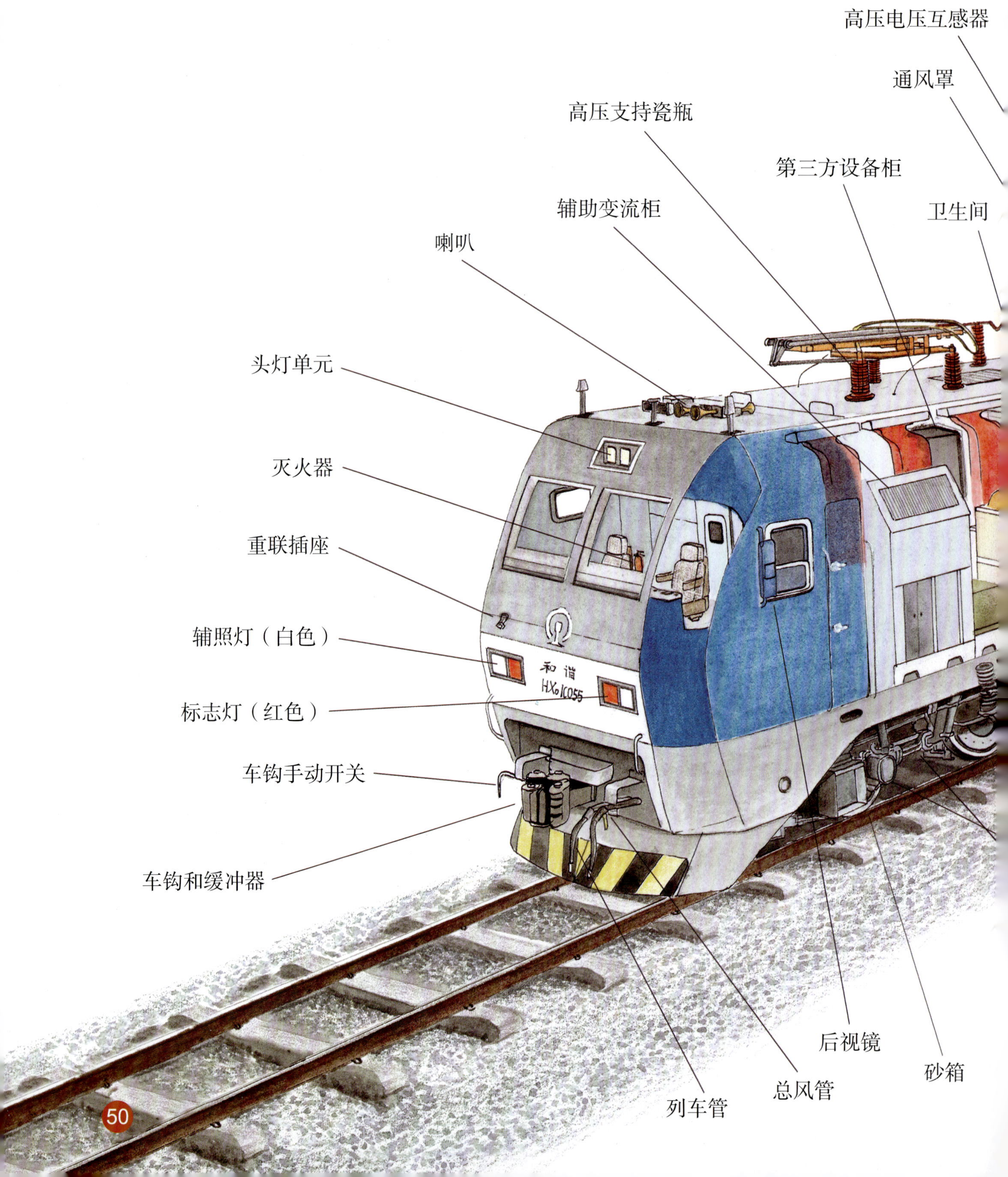
高压电压互感器
通风罩
高压支持瓷瓶
第三方设备柜
辅助变流柜
卫生间
喇叭
头灯单元
灭火器
重联插座
辅照灯（白色）
标志灯（红色）
车钩手动开关
车钩和缓冲器
后视镜
砂箱
总风管
列车管

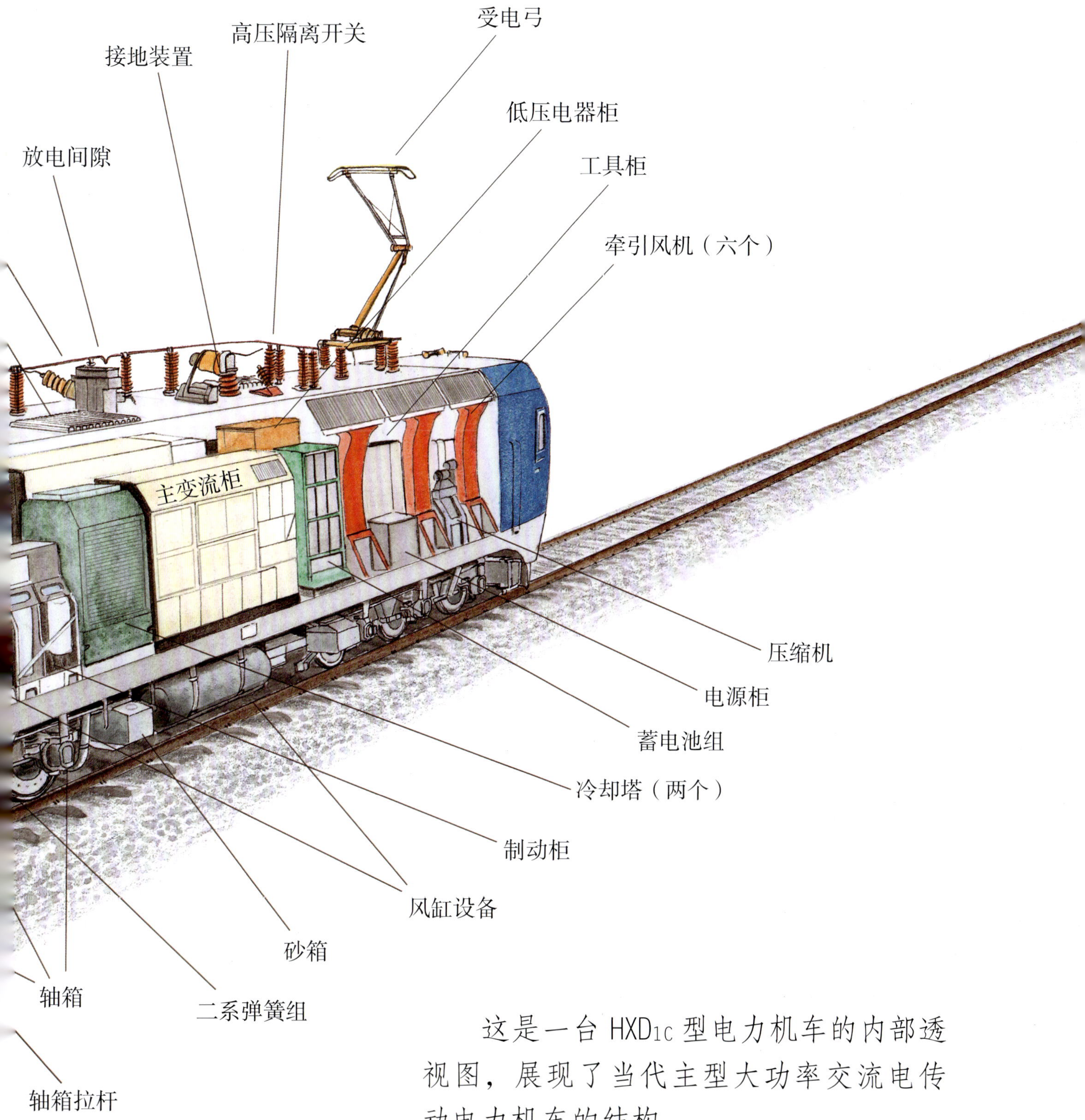

这是一台 HXD1C 型电力机车的内部透视图，展现了当代主型大功率交流电传动电力机车的结构。

中车株洲电力机车有限公司素有电力机车的“摇篮”之称。另外，生产电力机车的还有中车大连机车车辆有限公司、中车大同电力机车有限公司等。

电力机车的“摇篮”

电力机车的“摇篮”就是生产机车的工厂。在这里经过机车设计、零件加工、整车装配、调试检验等过程，机车才能出厂。机车厂是一个庞大的制造系统，是具有高科技含量的基地。

电力机车驾驶室

① 中柜开关组

② 复位按钮 / 转换开关

③ 速度表和电压表

④ CIR 操作终端

这是现代电力机车驾驶室内的场景。在舒适整洁的环境里，通过各种数字化的显示设备和各种按键控制器，司机一个人就可以完全操控整列火车。

像"辫子"的受电弓

电力机车一般都有前后两个受电弓，平时都是升起一个（前进方向的后弓），另一个备用。受电弓从电压25千伏的接触网上获取电流供给机车。接触导线的是滑板，这是一种整体碳条滑板，当磨损到一定程度时需要更换滑板。不过接触网的线路是按照"之"字形排列的，这就使导线和滑板的接触范围更广，滑板的磨损就更均匀，使用寿命就更长。

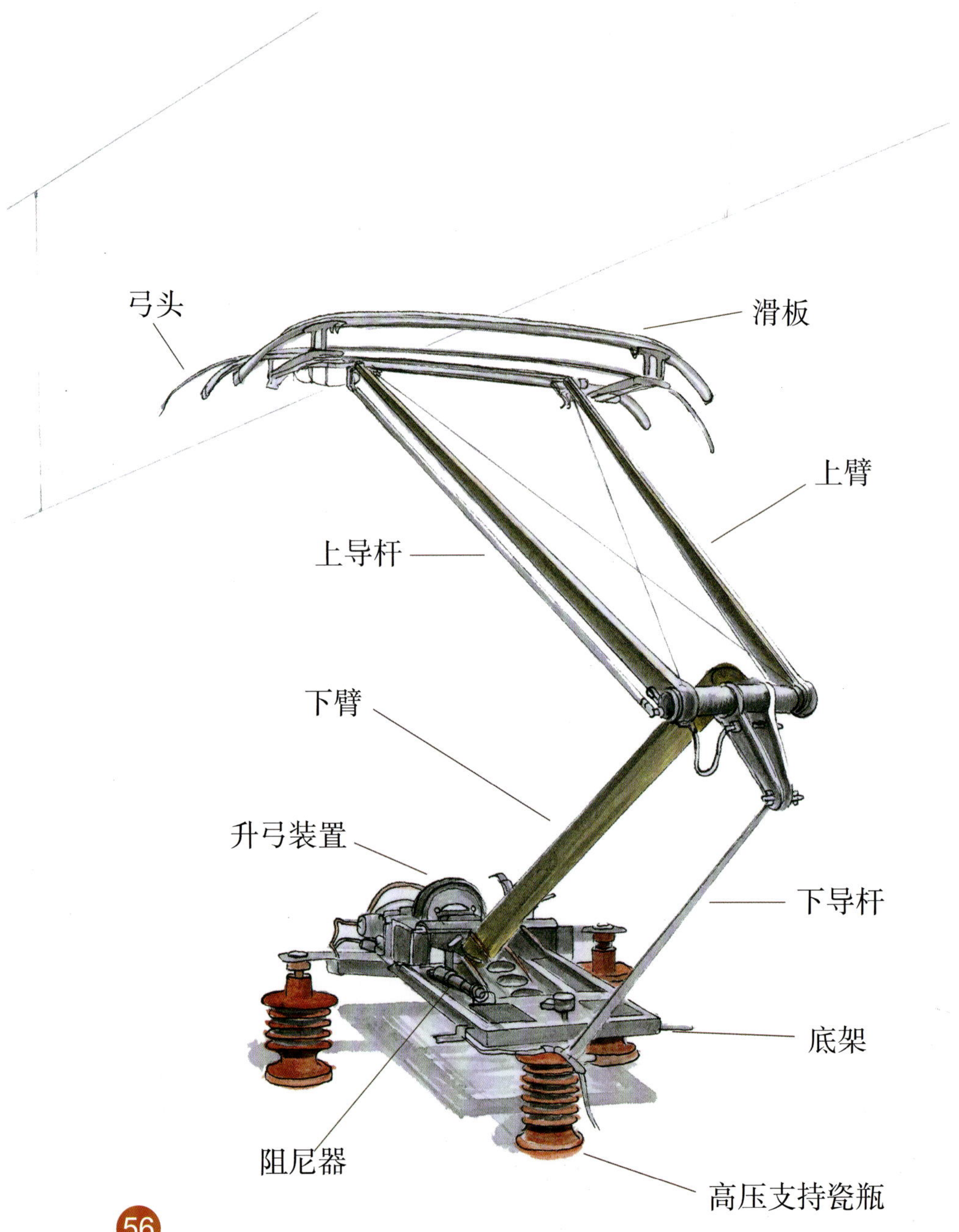

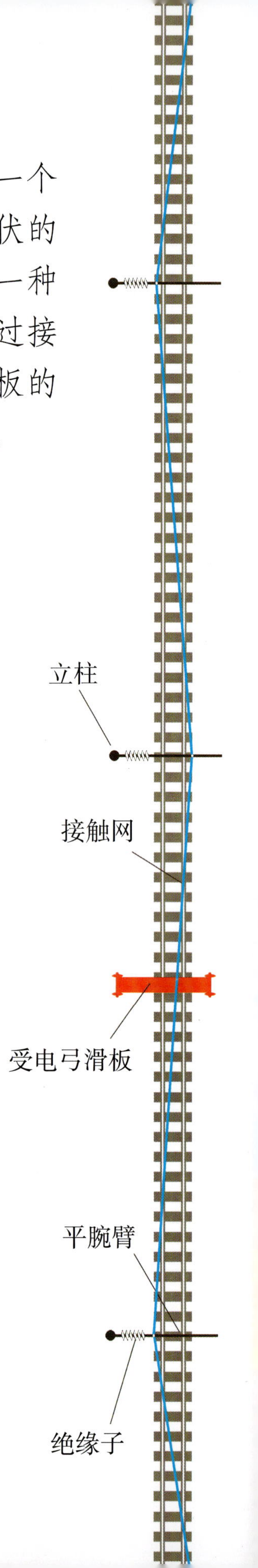

你看机车头顶有个“辫子”！
这就是电力机车的受电弓。
和

机车电力哪里来

电力机车不会产生污染排放，而电能的来源除了火电站基本都是清洁的能源。这些电能通过国家电网汇聚在一起，再通过变电站转换成适合的电流，源源不断地供应给铁路电网。

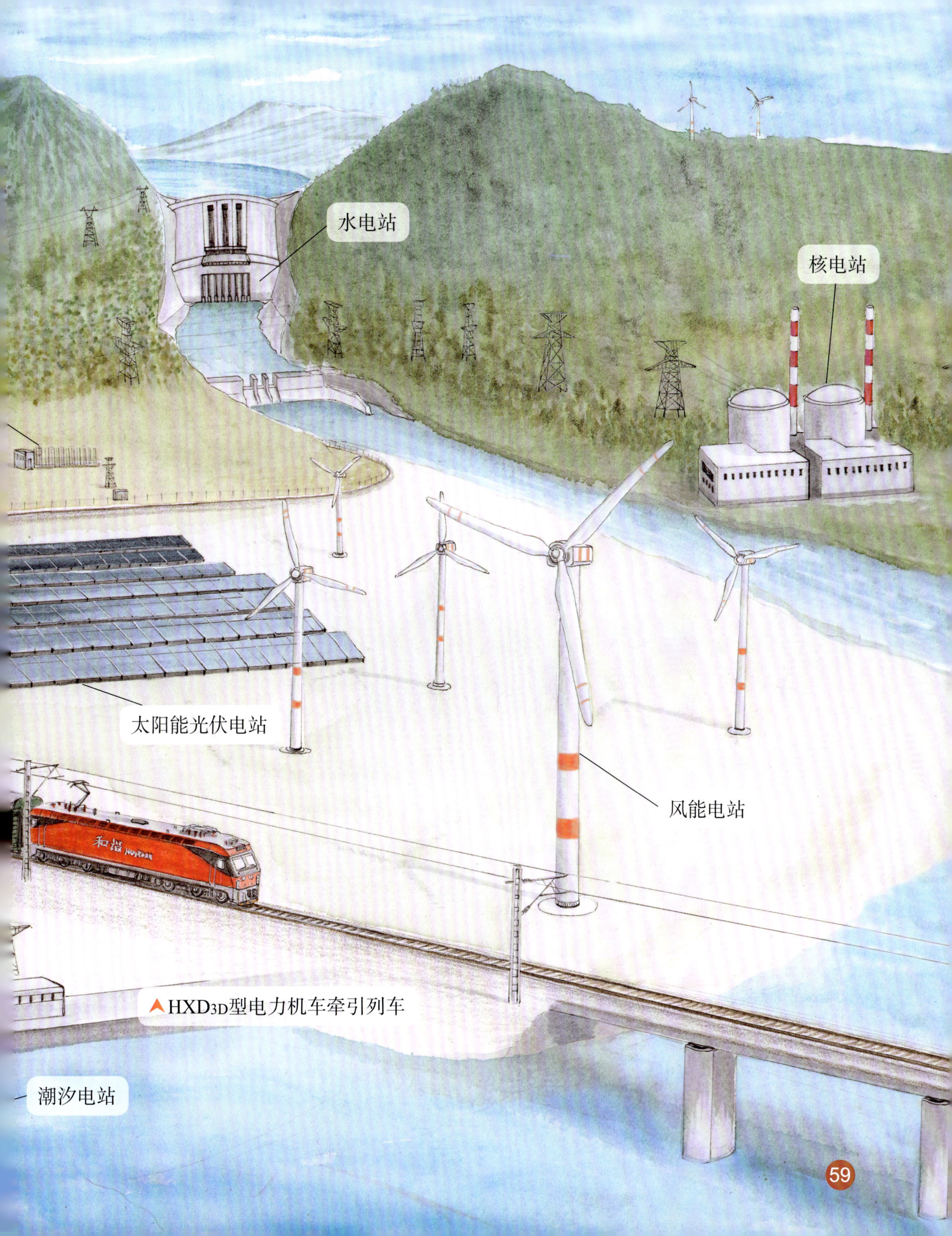
水电站
核电站
太阳能光伏电站
风能电站
和谐
HXD3D型电力机车牵引列车
潮汐电站

电力机车是方向

电力机车就这样走过了一百多年的发展历程，从一个蹒跚学步的孩子变成了顶天立地的男子汉。蒸汽机车已经远去，内燃机车也已从主角变成配角，今天的铁路线上，电力机车牵引列车已经成为主流。电力机车在不断进化，传统铁路将迎来一个新的更加美好的未来！

从左到右依次为：6K型电力机车、韶山$_{7E}$型电力机车、HXD$_{3D}$型电力机车、韶山$_{8}$型电力机车、韶山$_{9}$型电力机车、HXD$_{1C}$型电力机车、HXD$_{1D}$型电力机车。

延伸阅读 以下内容是每一页历史背景和机车信息的补充，供您了解参考。

这是20世纪初的美国费城。电气化时代的来临改变了城市的面貌，夜晚不再是一片黑暗中的点点烛光，而是灯火璀璨的繁华街道。所有的变化都源于电力的应用。天空的闪电是来自大自然的力量，人们虽然对此早有认识，但是对电的利用却是近代的事情。早在1752年富兰克林著名的风筝实验证明天空的闪电和地面上的电是一回事，随后的许多科学家和发明家开始研究电能的应用。电灯、电话、电动机相继问世，不仅夜晚亮了，电车也跑了起来。而图中复杂如蛛网的电线是当时刚刚兴起的电话线，由于程控交换机技术还没有出现，所以街道的电线杆上就出现了如此密集的电线。

图中出现的几位人物都是对电的应用做出巨大贡献的人物。法拉第出生于英国一个贫苦的铁匠家庭，仅上过小学。但是勤奋好学的他首次发现电磁感应现象，进而得到产生交流电的方法。他还发明了圆盘发电机——人类创造出的第一个发电机。由于他在电磁学方面做出了伟大贡献，被称为“电学之父”和“交流电之父”。

冯·西门子生于德国汉诺威一个农民家庭，在家中12个孩子中排行第四。因为家庭负担重，西门子在念完中学后参军。西门子在服役期间对电报技术产生了很大兴趣，他发明了在19世纪流行一时的指南针式电报机。1847年，西门子依靠自己堂兄的投资建立了西门子—哈尔斯克电报机制造公司，主要生产西门子发明的指南针式电报机，这个公司也就是后来西门子公司的前身。西门子发明了第一台自励式直流发电机和第一台直流电动机。因此，可以说现代电力机车源于西门子的创造。

爱迪生的故事有许多，可以写满一本厚厚的书。他是对世界产生重大深远影响的人。他发明的留声机、电影摄影机、电灯对世界有极大影响。他一生的发明有两千多项，拥有专利的有一千多项。可以说我们生活中使用的许多电器都有他的贡献。

电力机车不是一下子就出现在干线铁路上的，早期的应用都是城市有轨电车。因此西门子发明最早的电力机车更像是儿童游乐场里的“小火车”。当时只是载着十几个人在自家工厂院子里铺设的环形轨道上进行了演示，不过这已经可以证明电力机车未来的可行性。随后这种由电力驱动的轨道运输系统开始在美国、欧洲的城市和郊野中出现。虽然受制于当时的技术水平，这种电车的动力和载客量有限，但是比起效率更低的马车和产生巨大噪声及烟尘的蒸汽机车，这已经成为当时先进国家的标志。

伦敦地铁是世界上最古老的地下铁路。1856 年开始修建，1863 年 1 月 10 日正式投入运营。当时长度约 7.6 千米，为单拱形砖砌结构。当时是以装有冷凝器的蒸汽机车牵引列车。1890 年又建成的一条地下铁道，长 5.2 千米，隧道为圆形，内径 3.1~3.2 米，铸铁管片衬砌。到 1906 年完成了线路电气化改造，这是世界上第一条电气化地铁。从此开始使用 10 台威斯丁豪斯型电力机车牵引列车，这种机车因为独特的形象被称为“驼背”机车，机车中部突起的是驾驶室，两边倾斜的是发动机和设备仓。早期的型号采用 600 伏直流电，功率为 800 马力（约为 590 千瓦）。

这幅画是根据一部电影《斯大林格勒战役》所绘制的，影片的开头就是一些士兵悠闲快乐地在地中海边度假，紧接着军令一到，他们又满怀留恋地乘坐火车前往战场。笔者对其中的一个细节印象深刻，那就是他们的列车竟然是由电力机车牵引的。于是查了相关资料，原来这是一种 20 世纪 30 年代开始问世的 E428 型机车，有四家意大利公司参与制造，共 241 辆。其中 014 号机车目前仍然可以运行，现在保存在意大利皮斯托亚的机库中。

左图为 Ae6 型电力机车，这种机车实际上是由瑞士和奥地利的两家公司联合制造的，被用于高山线路的重型客货运输。该车全部采用焊接式车身，以减轻重量，早期的该型号机车就可以在倾斜度达到 2.6% 的线路上，以时速 75 千米牵引 650 吨的列车运行。所有这型机车都是以瑞士的州名和城镇名来命名，右图红色的机车是奥地利 1020 型机车。这种机车源于“二战”之前被德国占领的奥地利，大战后有 44 台德国 E94 型电力机车留在奥地利，并被重新命名为 1020 型机车，这种机车命运多舛，修修补补、造造停停，但是一直到 2002 年仍有两台机车在一条私营铁路上运行。

宾夕法尼亚州铁路的 GG1 型机车以热情周到的运营服务、漫长的服役时间和经典的线条设计成为美国机车史上的著名机车之一，该型机车十年时间共制造了 139 台。运行线路作为美国电力牵引的开拓之路，采用 11 千伏 25 赫兹交流电高压架空系统，成为在北美最繁华的城市间的主干线之一。

这幅画重现了一个虚构又现实的场景，那就是在“二战”末期，一支美军发现了一台看似完好的 E18 型电力机车。这是 1935 年诞生的机车，曾经在试车阶段跑出过时速 165 千米的成绩，并获得过 1937 年巴黎世界博览会的金奖。可是到 1945 年，当时的 53 台机车有 6 台完全被毁，6 台留在苏军占领区，剩下的 41 台该型机车在联邦德国幸存下来，其中半数遭到严重破坏，经过维修后继续使用，这也是命运坎坷又寿命超长的一类机车。

1958年年初，中国电力机车考察团赴苏联考察。在苏联专家的帮助下，组成电力机车设计处。1958年年底，湘潭电机厂在株洲电力机车厂等工厂协助下，试制出了中国第一台电力机车，即$6Y_1$型干线电力机车。到1962年共试制5台机车，并在宝凤线上试运行，但是由于存在技术问题，未能批量生产。为了应付电力机车短缺的情况，铁道部门决定从法国阿尔斯通公司先后进口了25台电力机车作为过渡，这批机车在中国定型为$6Y_2$型，其中“6”代表六轴机车，“Y”代表引燃管整流，“2”代表第二种型号。

宝成铁路自陕西省宝鸡市向南，跨过渭河，经过27千米的展线群爬升680米通过秦岭隧道，到达秦岭站后沿嘉陵江而下，经过甘肃省、穿过大巴山区，到达广元站继续向西南，过剑门山进入四川盆地，经过绵阳、德阳两市到达成都市，全长669千米。宝成铁路是我国第一条电气化铁路，也是新中国第一条工程艰巨的铁路。这条铁路的建成，改变了“蜀道难”的局面，为发展西南地区经济建设创造了重要条件。

HXD_{1B}型交流传动电力机车，由株洲电力机车有限公司在HXD_1型大功率交流传动八轴货运电力机车的基础上与德国西门子公司共同研发。机车功率9600千瓦，能够满足平原地区干线5500~6000吨货物牵引运输任务，最高运行时速120千米。而看似一样外观的HXD_{1C}型是在HXD_{1B}型机车的基础上，通过消化吸收国外技术，自主研发的新型大功率交流传动电力机车，国产化率超过90%。2009年6月12日，首台机车下线。

HXD_2型交流传动电力机车，最早是为大秦铁路牵引2万吨重载货运列车而设计的一种新型交流传动机车。2005年2月，大同电力机车有限公司与法国阿尔斯通公司签订合同，订购180台机车，合同金额3.745亿欧元。其中法国贝尔福工厂制造12台机车，36台机车以散件方式运抵中国并由大同厂组装，其余机车由大同厂自行生产。

HXD_{1D}型电力机车是六轴7200千瓦交流传动准高速客运电力机车，由株洲电力机车有限公司于2011年完成设计。机车运行时速160千米，采用大功率IGBT（3300伏/1200安）水冷变流器、大功率异步牵引电机、卧式主变压器、微机网络控制系统、弹性全悬挂转向架、独立通风等技术。

6K型电力机车由川崎重工业、三菱电机联合设计制造，是我国在20世纪80年代为满足陇海铁路郑州至宝鸡段电气化线路的需要，通过国际招标方式向日本订购的交直流传动电力机车，共进口85台，机车功率4800千瓦，最高时速100千米，机车采用B_0-B_0-B_0轴式转向架、复励牵引电动机、微机控制系统等先进技术，对中国国产机车的自行研制起到了重要作用。

后　记

自从2015年12月的一天，我突发奇想地画了一张小小的火车卡片，从此开始了我的火车绘本之路。两年多过去了，当我画完这本《电力机车的故事》，也算是用绘本的形式讲述了火车机车的发展历程。作为一个“80后”的作者，我们这一代人难得有幸在运营的铁路线上见证过蒸汽机车、内燃机车、电力机车这三代机车，就如中国机车的发展和我们的生活同步，许多火车迷也把自身的成长和机车的进化联系起来，看见这些火车机车就如看见自己曾经的岁月。我想这份火车情怀是支撑着我坚持画下来的动力。

从蒸汽火车画到内燃机车，再画到了今天的电力机车，火车的变化发展也凝聚着几代铁路人的努力。我尽量在绘本中重现当年的历史景象，带您感受机车迭代背后的科技成就和建设艰辛。从世界范围来看，机车的发展史也是科技的发展史，更是每次工业革命的代表作。了解这些机车不能离开当时的历史背景，这些有趣的故事成为铁路文化的一部分，也应该成为每一个小火车迷的必修课。我很荣幸能把这些火车的故事画下来，讲出来。

回想许许多多的白天黑夜，我在灯光下沉醉地涂抹着色彩，一笔一画地描绘着线条。这份坚持也源于儿时的热爱,这份热爱让我找到了一些人生的价值。如果我的作品也能让一些小朋友对自己喜爱的火车有更多的了解，顺便再学到一些相关知识，体会一下历史脉络，如果我的图画能够让喜欢绘画的孩子找到一个参考，那真是我最欣慰的事情。

最后，我要感谢一直以来家人的付出，让我能有一个良好的创作环境。还要感谢中国铁道出版社编辑们的勤勉工作，特别要感谢许士杰先生对本套书的出版所做出的重要贡献。我将在此继续耕耘，与各位读者分享更多的作品。

陈曦

图书在版编目（CIP）数据

电力机车的故事/陈曦著绘. —2版. —北京：中国铁道出版社有限公司，2022.1(2024.2重印)
（给孩子们的火车历史绘本）
ISBN 978-7-113-28583-8

Ⅰ.①电… Ⅱ.①陈… Ⅲ.①电力机车-儿童读物
Ⅳ.①U264-49

中国版本图书馆CIP数据核字(2021)第242507号

书　　名：电力机车的故事
作　　者：陈　曦

责任编辑：许士杰　　编辑部电话：(010)51873204　　电子信箱：syxu99@163.com
编辑助理：魏　明
封面设计：崔丽芳
责任校对：王　杰
责任印制：赵星辰

出版发行：中国铁道出版社有限公司（100054，北京市西城区右安门西街8号）
网　　址：http://www.tdpress.com
印　　刷：北京盛通印刷股份有限公司
版　　次：2018年9月第1版　2022年1月第2版　2024年2月第2次印刷
开　　本：889 mm×1 194 mm　1/16　印张：4.25　字数：98千
书　　号：ISBN 978-7-113-28583-8
定　　价：49.80元

第二版
给孩子们的火车历史绘本——
蒸汽火车的故事
陈曦 | 著/绘

第二版
给孩子们的火车旅行绘本——
火车带我去远行
陈曦 | 著/绘

第二版
给孩子们的火车历史绘本——
内燃机车的故事
陈曦 | 著/绘

第二版
给孩子们的火车故事绘本——
火车站里的小鸟
陈曦 | 著/绘

第二版
给孩子们的火车历史绘本——
电力机车的故事

第二版
给孩子们的火车知识绘本——
高铁动车的故事
陈曦 | 著/绘

第二版
给孩子们的火车旅行绘本——
我们在这里相遇
陈曦 | 著/绘

加油！火神山上的
工程车
陈曦 | 著/绘

给孩子们的火车图鉴绘本——
（一）
蒸汽机车
陈曦 著/绘

给孩子们的火车图鉴绘本——
（二）
蒸汽机车
陈曦 著/绘

给孩子们的火车图鉴绘本——
（三）
蒸汽机车
陈曦 著/绘

给孩子们的火车图鉴绘本——
（一）
内燃机车
陈曦 著/绘

给孩子们的火车图鉴绘本——
（二）
内燃机车
陈曦 著/绘

给孩子们的铁路科普绘本——
高铁开通了
陈曦 著/绘

给孩子们的火车图鉴绘本——
（一）
高铁动车
陈曦 著/绘

给孩子们的火车图鉴绘本——
（二）
高铁动车
陈曦 著/绘

扫描下方二维码，了解更多绘本资讯，
分享更多知识心得。

作者微博

候鸟驿站的掌柜

作者公众号

陈曦绘本

作者简介

陈曦，知名原创绘本作者。从第一次带娃接触绘本图书开始，就由国内原创作品匮乏的状况出发，全身心投入创作。如今的他已是三个孩子的爸爸，且已经出版了二十多部绘本作品。作为资深的火车迷、军事迷、装备迷，他具备专业的眼光和独特的视角。在这个数字时代，从小学画的他坚持用纯手绘的方式唯美展现各种中国题材的火车、飞机、舰船等交通载具，用图文结合的方式科普铁路、航空等方面的知识，抓住童心未泯的生活感悟，为小读者及家长们呈现一部部具有艺术美感、工业力量和时代主题的绘本作品。他的多部作品入选中华优秀科普图书榜、书香中国首届“中国原创绘本200书单”、农家书屋重点出版物推荐目录、全国中小学图书馆（室）推荐书目、国家新闻出版署《3～8岁儿童分级阅读指导》标准推荐书目等。孩子在绘本的书香中成长；陈曦的绘本之路也将更加精彩。